물고기
비늘을 세다

김정희

1964년 제주에서 태어나 제주에서 살고 있으며
제주대학교에서 독어독문학을 전공했다.
2006년부터 현재까지 한라산문학동인에서 시창작 활동을 하고 있다.
2008년 '아동문예' 문학상 수상
2012년 《오줌폭탄》 동시집 출판
2014년 '시인정신' 신인문학상을 받았으며
문학놀이아트센터 대표로 문학놀이 수업과
어린이시창작교실을 운영하며 어린이 시집을 엮어주고 있다.
제주대학교 교육원에서 시낭송 아카데미를 강의하고 있다.

현) 제주문인협회 회원, 제주아동문학협회 부회장, 국제PEN클럽제주지역위원회 회원, 제주시낭송협회 회원, 색동회제주회원

hopekjh1022@naver.com

물고기 비늘을 세다

2016년 11월 25일 초판 1쇄 발행

지은이 김정희
펴낸이 김영훈
편집 김지희
디자인 나무늘보
펴낸곳 도서출판 한그루
출판등록 제651-2008-000003호
63256 제주도 제주시 천수동로2길 23
전화 064 723 7580 전송 064 753 7580
전자우편 onetreebook@daum.net 누리방 onetreebook.com

ISBN 978-89-94474-39-7 03810

이 도서의 국립중앙도서관 출판예정도서목록(CIP)은 서지정보유통지원시스템 홈페이지(http://seoji.nl.go.kr)와 국가자료공동목록시스템(http://www.nl.go.kr/kolisnet)에서 이용하실 수 있습니다. (CIP제어번호: CIP2016027670)

이 책은 제주문화예술재단의 지원을 받아 제작되었습니다.

값 13,000원

물고기
비늘을 세다

김정희

시인의 말

늦은 시간
온전히 나에게 주어진 시간

마음이 열리고
시를 쓴다

내 시간을 열고
나를 꺼내놓고 다듬고 간을 한다
거친 하루를 지나온 시간
두 시에서 네 시 사이
두 시까지면 어때서
네 시부터 시작하면 또 어때서
오늘도 아닌 내일 시작도 서툰
하는 일이 서툰
내가 시를 쓴다

바람소리 가까이 들린다
밤 속에 몸을 피한 여린 것의 다음날을 걱정하며
이 시간 깨어있다

물고기 비늘을 세다

차 례

제1부

제2부

제3부

제4부

제5부

제6부

해설

제 1 부

치자꽃 피었다

바람 타고 와서
나를 반겨주는 건 그녀뿐
하루의 등짐을 내려놓지 못하고
돌아와 앉은 어깨에
생활의 빚까지 더 얹어지는 시간
그녀는
밤새 시름 하얗게 풀어낸다
바람에 실려
꽃잎
온몸으로 들어온다

어부의 아내

한나절 도두포구
집어등이 낮잠을 잔다
선착장 물이 빠져나간 자리
검게 그을린 어부의 얼굴에
질푸른 이끼가 돋았다

작업복 노랗게 마르는 봄
어부는 흔들흔들 시름을 재우고
바다로 나갈 준비로 분주하다
남편의 점심반주라도 챙길 양으로
망설이듯 주머니를 뒤적이던
어부의 아내
몇 장의 지폐를 세어보다
얼른 돌아앉았다
더 작아진 아내
장갑 속에서 한숨이 미끄러져 나온다

집어등 불 밝히고

닻이 올려지기를 기다리며

구석구석 쌓인 눈물 닦아낸다

마트로시카는 갇혀서 생각한다

내 안에
다른 나를 가두어 두고
몸부림친다

다른 나에 갇혀 있다는 것도 모르고 산다

문을 열고 나가 보면
또 다른 벽이 막고 있지
다시
뛰쳐나가려
내 안의 나를 찾아서 끊임없이 벽을 깬다

포기할 수 없는 운명을 산다
또
갇혀서

한라산

날마다 한라산을 드나들어도
곧게 뻗은 길 내주지 않는다
구불거리는 도로에 내 살은 경련을 일으킨다
성판악 휴게소 앞에서 쉬어 가다 서다
안개 길이다

한라산에 죽치고 사는 까마귀 사냥을 나선다
어둠이 몰려오면 하산하는 등산객의 염치를 저울질하며 동냥질이다
배회가 길어지면 우울한 하늘에서 까악거리며 운다

목마르다 외치며 새벽 이슬을 턴다

물고기의 비늘을 세다

수산시장 가판대에 누운 물고기들이
도마에 올려져 비늘이 벗겨진다
비늘이 사방으로 튀어 오른다

거친 물방울이다
거친 물방울들이 바다와 싸운다

물방울은 오르다 오르다 다시 내려오며
알들이 톡톡 터진다
치어들이 쏟아진다
비늘이 돋아나며 검은 바다 속을 마구 헤집는다
온 자리와 간 자리로 방향을 바꿀 때면
비늘은 몸에 바싹 달라붙어 있다

거친 물방울은
물고기의 비늘

숨을 헐떡일 때마다 비늘이 거품처럼 오른다
바다 속에서 떨리며 만들어낸
목숨 건져 살아낸 조각이다

햇살이 쏟아지면 물에서 노니는 물고기의 비늘을 센다

뭍에 오르려는 물고기

나는 바자우족의 딸이다
집을 동경하고부터 바다에 집을 짓고 살았다
바다의 집시가 되어
바다를 헤엄치며 떠돌다
집에 깃들면 물에 안겨 잠을 잔다
물이 되는 시간 돌아간다
바다를 유영하던 섬처럼 머물다
물으로 간다
어리석은 선택으로 헤매던 젊은 시간이 일어나
고향으로 간다

간절히 마음에 다리를 놓아온 지난 시간이
길을 내어 뭍으로 가고 있다
발끝을 찰싹이는 파도처럼 망설이다
뭍에 오르면
나의 존재는 썩어 없어지고 말 것을 알면서도

잠시 물에 기대어 놀다가는
바자우족으로 돌아간다

오랜 시간의 동경에 미쳐갈 뿐
물으로 뛰어 오르는 순간
물은 빙산처럼 차갑게 밀어내고
한때는 허락했으나 조금씩 무너져 내려
바다로 돌아간다
오르려 애쓰는 물고기에게 녹아 들어
물고기의 안식처가 되려고 했는지
오래전 물에 오른 물고기는
그토록 바라던 물에서 힘든 배영으로 바다로 돌아간다

한 발짝 땅도 없다

달고기 아줌마

장화 한 짝 비 맞고 있다
비린내 나는 부둣가 내리막길에
남편의 실직에 급하게 월급쟁이 이력서를 내고부터
달을 보며 살았다
비닐 앞치마는 물에 젖어 무게를 보태고
퉁퉁 부은 다리를 껴안았을 날
누구나 신어도 되는 푸르팅팅한 큰 장화를 신고
고기 손질로 칼끝이 쓸릴 때마다 생활고처럼
장화에 덕지덕지 달라붙는 고달픈 비늘
야멸차게 문질러 닦아냈다
달고기는 반응이 좋아 누구나 반겨주었지
수산시장 달고기 아줌마
달이 오르는 시간 더 소리가 커지는 야간 달고기
본 척도 안 하던 사람들의 시선이 돌아서는데
달은 긴 시간을 돌았다
긴 하루의 노동이 나를 가만 놔두지 않았다

부은 다리 굳어지고 팔목은 욱신거려
며칠만 쉬고 싶은데
허락되지 않는 사장님의 배부른 인정머리에
사표를 던져두고 나오는 길
장화는 축축하고 고약하게 냄새나는 삶을
비처럼 쏟아 내고
비에 씻겨 흔적마저 지워버리고 있다
장화의 울음 내리막길 빗속에 묻힌다

담배 물고 있는 물고기

수협 공판장 물고기 젊은 어부가 건네주는 담배 한 대에 노곤해진다
담배 물고 배를 위로 열어젖히고 누웠다

길 가로막고 선 그물 안으로 들어가면 이제 쉴 수 있으리라 생각하며 몸에 부력을 높여 둥실 떠오르는가 했더니 빠져나올 수 없는 그물에 갇혔다

새벽공기에 쭈욱 빨아들인 담배 한 모금에 밤샘 노동으로 달구어진 열기가 솔솔 피어올라온다 빨갛게 타들어가 내장에서 지글거리는 낚시 바늘의 꼬임이 가슴을 후비며 태운다

새벽을 몰고 온 바다의 낡은 옷 틈으로 바람은 찌르르 엄살을 떨며 들어와 억척스러운 손을 씻어내고 물고기의 생각 따윈 묻지 않고 떠났다

어판장에 남겨진 물고기 비린내 태운다

몸의 말을 듣다

손가락을 구부리고 펴는데 삐그덕거린다
염증이 생겼다
통증을 데리고 구부정한 자세가 된다
내 몸에서 움직이기로 약속된 것이 나를 거부한다
온몸에 폐를 끼친다
작은 것이 없어도 되는 것은 아니다
몸은 먼저 안다
손끝으로 찌릿하게
통증을 몸의 부호로 전해도
알아듣지 못하고
손으로 달래듯이 마음으로 만져보아야만 아는
소리 지르지 않으면 밖으로 티도 나지 않는
감추며 주물러 넣기만 하고
몸의 말을 들어주지 않아
결국에 삐진 몸 달래보아도 이미 늦다
손가락이 살아온 일 잊혀지는 것도 잠깐

왜 아팠는지 떠올리는 데 시간이 걸린다

긴 주사기가 몸을 찌르고 수색하는 것을 허락하자
마취에 얼어버린 손가락이
원래 없었던 것인 것처럼 감각이 없다
잡으려 해도 움켜잡지 못하고
힘없이 부서지듯 떨어진다
불편한 며칠이 지나는 동안 항생제를 먹고 나서야
내 생각대로 움직여진다
조물락거려 본다
다시 깔짝거려 본다

부엌

- 겁 없는 부엌

추석에는 풍년처럼 시장을 본다
부엌문이 모두 열리고
부엌 선반에 올려 두었던 그릇 내리고
수도꼭지 물이 쉴 새 없이 튄다
칼십에 숫힌 현란한 칼들 꺼내지고
밀려났던 큰 나무도마의 울림이 시작된다
큰 솥이며 냄비들 올려진 불이 활활거리며 탄다
달그락달그락 부엌이 살아난다
추석상에 올릴 고기적을 하나씩 꽂이에 꿴다
하나하나 전 부친다
조물조물 나물을 무친다
생선은 대가리 부서지지 않게 굽는다
달그락 달그락 설거지한다

- 숨 가쁜 부엌

설거지를 끝내고 허리 두드린다
시큰거리는 손목을 만지며
하늘 올려다보고
서러운 보름달이 왜 오나 싶다
방에서 코 골고 자는 간 큰 남편 짜려주고
벗어 던진 앞치마
바닥에 축축하게 누웠다

나를 찾아서

여행을 다니며 짐이 많아지면 남겨지는 것도 생긴다
춘천에서 기차 타고 오다 잠시 내린 강촌
세상이 달라지는 순간을 경험한 사람은 안다
잠시 모든 것을 내려놓아야 하는 상황이 되었을 때
그때 비로소 머리가 맑아진다는 것을
강촌에 두고 온 가방
그곳에 남겨진 내 발자국
상봉역에서
만나야 할 것들이 마치 모두 모인 곳처럼 다정하게
낑낑거리며 들고 온 큰 가방도 내팽개치고
여행 중에 샀던 선물이며
다리 아프다고 느리게 걷던 계단도 한 번에 뛰어넘었다
어디에 있는지도 모를 가방을
어느 인심 좋은 사람이 건네주었다는 내 가방이
나에게 전해지는 동안 난 해탈한 보살 모양으로
감사한 절을 몇 번을 날렸는지 모른다

나중에 들어온 기차에서
잃어버렸던 아이를 찾고 엉덩이를 물씬 때리듯이
나 자신을 때렸다

역에 걸린 삶을 읽는다
자신이 내릴 역에서 내리지 못하고
다음 역까지 달려야만 하는
여행의 수다가 화르르 달린다

난, 스무 살이다

곰팡이 눌러 붙은 여름 지나
장롱 정리하다
주머니 안에서 눈에 익숙한
반지 하나
또르르 굴러 나왔다
결혼 전 받은 18k 반지이다
페물로 받은 금붙이들
생활고에 다 팔아먹고
남은 것이라곤 빈 호주머니
한숨뿐이었는데
장롱에서 굴러 나와 둥글게 웃고 있다
약속의 기억을 되살리며
새끼손가락에 겨우 낀 반지
이십 년 지나 받은 반지
난, 지금 스무 살이다

제 2 부

나무와 새

바람의 펄럭임처럼 나무가 떤다
새가 나뭇가지를 몇 번 건너 날아간다
나무는 매순간 누군가를 그리워한다
계절을 지나는 바람은 눈치 챘을 테지만
나무는 새의 발자국 소리 들으려고
조금씩 자리를 옮겨 앉아 가지도 더 뻗고
꽃을 피워 보기도 하는 것이다
나무의 떨림은
물의 파장처럼 온몸에 전해져
멍하니 서 있다가는 질투처럼 날카롭게
잎을 내려놓기도 한다

비양도의 고백

들국화 꺾어 그대 주머니에 꽂아 놓고
흙에서 올라온 꽃이
가슴에서 피어나는 그 꽃이
신랑처럼 걸어오네
가을 하늘 물 뚝뚝 흘려
물든 얼굴을 하고
성큼거리며 춤을 추며 걸어오네
낮술에 취해
가을에 취해
비뚤배뚤 제주바다 헤엄쳐
비양도 갔다 왔지요
돌아오는 길은 모두 헤벌죽 취해
가을과 혼례를 치른 것도 잊었지요

여행을 마치는 시간이 돌아오면
울렁이게 파도쳐도 좋아서
함께 걸어보는 길이 좋아서
돌아가면 서로 잊고 살 날
정해진 시간에 해 볼 수 있는 건
길을 걸어 배를 타는 일뿐
파도 속으로 말들이 다 빨려 들어가는 줄도 모르고
이야기를 나누었지

사랑발 내리다

꽃이 핀다
바다가 물방울로 지상에 떨어지는 순간
소금꽃 핀다
소금꽃 피는 날엔 아지랑이 오르고
바다는 긴 해를 끌어다 놓는다
이런 날
내림굿을 받는 것처럼 열병을 앓는다
온통 심장이 절여지듯 숨을 죽인다
깊이도 모르는 블랙홀로 빠져
몸의 돌기마다 꽃이 피어나기 시작하면
태양이 숨 쉬듯 번진다
소금꽃 피는 때가 되면
바람놀림 해놀림이 시작되고
일부러가 아니라 순간 결정체가 자리 잡는다
취하듯 몸으로 들어와 앉으면
설레이고 안절부절 그곳을 떠나지 못하고

눈은 한곳만을 바라봐
온전히 꽃 피우는 데만 가슴이 뜨거워져
밤이 되어도 식지 않아 잠 못 이룬다
온몸에 열꽃 핀다
정육면체 사랑으로 핀다
꽃 피우는 일
바람이 자주 놀러오지 않고 관심 없으면
비가 와 버리기라도 하면
심심해진 사랑발은 도로 돌아가고 말아
다시 해를 기다려야 한다
마음에 피어난 꽃
태양 아래 소금쟁이 팔뚝 살만큼 검게 타야 한다

의자에 앉아

세상이 조용히 흔들린다
어디를 보아도
조금씩은 흔들려서 내게 돌아온다
나의 일탈은 하루를 흔들며 시간을 잰다
어머니의 손때 묻은 항아리만큼이나 많은 것을
담아내고 싶다가도
흔들
조금은 덜어내도 좋겠다는 생각을 한다
등 굽은 항아리는
이미 비어
바람에도 흔들린다
나는
햇살을 따라 가끔 한눈을 판다

해무

바다는 감추고 싶었다
바다가 뜨거워지며 열병을 앓는 사실
누구에게도 보이고 싶지 않았다
잠시 인기척처럼 지나는 배들은
눈치 채지 못했지만
가까이 바다는 팔팔 끓고 있었다
섬을 붙잡고 싶어
차마 섬에게 말도 못 하고
서성이고 있다

백두산 천지

보고 싶다
찾아가 만나고 싶다
시간이 없다고 핑계만 대며
멀리서 바라보기만 했다
마음을 숨기느라 부끄러웠다
아무도 모르게 혼자 가슴앓이를 했다
어떻게 너를 볼까 설레이고
언제나 볼 것처럼 기다렸다
기다림은 참,
지치고 힘들다
아무리 고백해도 부족했다
무뚝뚝하게 돌아오는 대답에 힘이 빠진다
차갑게 얼어붙었다
언제면 풀릴까
봄에도 풀리지 않았다
그리워하고 기다리다 참지 못해

달려간다
호랑이 등뼈 같은 몸짓 안에
눈을 녹이는 웃음을 기억하며
다시 오지 못할지도 모른다
다시는 내게 찾아오지 않을
포효하며 성큼 한 발 내게 걸어와 준다면
너를 보러 날아가겠다
애인아, 거기 있어라

달이 내려오다

달이 내려와
내 귀에 속삭였다

얼마 안 가 속삭임은 사그라지고
난 등을 돌렸다

돌아오는 길에
미운 시선이 따라와 나를 붙잡았다

몸을 가누지 못하고
기울어만 가는 달은 식어가고

부축하기에 지쳐버린 난
가로등 뒤에 숨어
달이 오르기만 기다렸다

오래전

달은 내 손바닥에 내려 앉아

속삭였지

노랑나비

순간
툭,
꽃가루만 남기고
바람 속으로 노랗게 분분이 날아간다

꽃인가 다가가 꽃을 흔들었더니
정신없이 일을 저지르고 도망가듯
날개를 흔들어대며 공중으로 줄행랑을 친다

엉겁결에
소나무꽃에 앉았다
솔잎 사이로 노란 꽃가루
휘리릭
떨어진다

송홧가루인가

사랑한다, 사랑한다

송홧가루처럼 날아가네

봄비에도 안 젖고

바람 타고 날아가네

포엽苞葉

난 꽃이 아니다.
너를 감싸고 있는 잎일 뿐
하나의 꽃처럼 살아가고
떼어서는 생각할 수도 없는 난,
햇살 뜨거운 날 그늘이 되어 주는 호박잎 같은
이불이 된다
네가 살아갈 수 있는 최선의 그 무엇으로
너에게 다가가 눕고 싶다

온몸에 상처를 가지고 살아가는 당신을 보면
내 생활의 아픔은 아무것도 아니다.
더는 불러도 오지 않는 빈자리에
떨어져 나간 마음의 살점이
새살 돋아날 수 있게
항상, 거기에 있겠다

난,

가을 가득한 마당에

사락사락 말라가는 이불이다

선운사 동백꽃

보고 싶다,
보고 싶다,

선운사 동백꽃 보고 싶다
마음에 묻어두고 지내긴
밤마다 동박새 찾아와 운다

숲을 태운 동백
빨갛게,
사월,
마음 탄다

詩의 부름

너를 낳게 한 밤은 떨림이었다
거울을 보아라
편안한가
긴 숨을 온전히 아랫배에 숨기고
어머니 네 배냇저고리 한 땀 한 땀 짓는 것처럼 가거라
외롭다 울지 말고 슬프다 한숨 쉬지 말고
한번은 앞을 보고 살펴라
말겨라 내 몫은 밤새 산고를 치렀을 사람을 생각하고
남은 몫은 챙기지 말고 주고 오자
그러고 나면 기진했다
산고를 옆에서 치렀나
가뿐하게 일어나 못 오를 것이 없다

가을, 탄다

바람이 몹시도 흔들린다
당신과 걷고 싶었던 길에 코스모스
어느새 제 빛을 잃어 간다
갈대 옷 풀어지기도 전에 몸살 나는,
바람에 지워질 편지처럼
손잡고 숲길을 걷고도 싶다
당신과 하고 싶은 것들 많지만 할 수 없으니
당신이 있는 난,
혼자다
노란 국화 만발한데
시간이 더디게도 간다
들에는 억새가 한창이라지만
참 쌀쌀하다
비와 함께 마을로 내려와
노랗게 물든 나뭇잎
가를로의 집 앞에서 시간을 잰다

빨리 가거나 늦게 가서
그들의 시간을 당황하게 하고 싶지 않다
나도 그들과 같다
길지 않은 시간 난,
마음에 당신을 그리는 병이 깊다

꽃으로 온다

너를 불러내고 기다린다
잠시 후 모습이 드러나기 시작해
그러면 자신을 숨기지 않고 피어나
향기가 퍼진다
쉽게 느껴지는 향이 아니다
가끔 너를 찾는다
누구나 자신을 알아주면 이끌리는 건 당연해
잔잔한 바람 앞에서 말라지는 줄 모르고 말라가고
넌 빈 공간에 향기를 가두었어
너를 풀어 놓았을 찬 서리에 다시 살아나 향기를 내놓았다
그럴 수 있다
온전히 말려져야 다시 살아난다
입안에 스며드는 그리움은
두통처럼 찾아와 날 떠나지 않아
국화차에 가두어 버린 마음

너를 만날 때마다
온몸으로 전해진다
가을은 그렇게 달여지고
편지처럼 나에게로 날아온다

하가 연화 못

마을로 들어서면 연화 못 달빛이 보고 싶어진다
가로등이 전부인 밤
아무리 뒤척여도 달빛도 없는 밤을 보내고
서성이다 돌아오곤 하는 기다림이
나를 이곳으로 이끈다

연꽃을 기다려 연잎은 부풀어 오르기만 여러 날
연못 아래서 꽃단장이 한창인 아가씨들
웃음소리 귀가 간지럽다
연꽃을 밀어 올려 누가 달밤에 사랑 고백을 받을지
목 길게 늘이고 야단이다

밤을 항해하는 배를 타고 노를 저어도
연화 못을 헤엄쳐 나오지 못하고 갇혀있다
연꽃이 피는 날 기다리며
연잎은 달덩이를 받으려고 치마를 잡아 당겨 앉는다

제 3 부

군내를 떼어내고

비상문을 들어서면
충 먹은 나무처럼 병명이 생긴다
옆구리에서 생명의 그림자가 피를 토하며 쓰러지고
기도는 이제 주문이 된다
가끔씩 찾아오는 통증은 한기를 싣고 와서는
망설임도 없이 중환자실 파란 홑이불 밑으로 기어든다
진통제만이 그를 붙들어 매고
쓸모없이 긴 의자 한 귀퉁이에 앉아 있는 아내가
입술에 묻어나는 군내를 떼어내고 있다
밤샌 시간에 누르고 눌러 병원비까지 보태는 눈꺼풀은
애써 붙들려 해도
술술 손가락 사이로 흘러내리는
모래성의 깃대처럼 나약하다
침묵 속에 흔들리는 하얀 복도는
마치 긴 수의를 끌고 오듯 느릿느릿 걸어온다

외발 비둘기 1

하필,
장애인 우선 순위 영세민 아파트에 둥지를 틀어
목발 짚고 먹이를 찾는다
포르르
날았다
높다
너무 높은 곳에 날개를 접었다

초봄
아파트는 햇살을 받고
그만큼 그늘을 만들어 시간을 재고 있다
예고도 없이
미늘에 갇혀
믿음을 갉아 먹고 있다
아무도 모르는 사이
서서히 가슴에 멍이 들고 있다.

내려와 걸어라

다친 마음은 한쪽으로만 기울어져
세상이 기울기 시작했다

외발 비둘기 2

쉴 새 없이 두리번 두리번
날개를 접고 앉아 있어도
심장고동으로 날개가 들썩인다

몸에 붙은 털조차 무거워 떼어내고픈
한눈 팔면
기울어지는 몸
일거리 찾고 있다

차들이 지나가는 길목
쉽게 떠나지 못하고 눈치를 보고 있다

가슴에 담은 말 풀지 못해
목이 메어 구룩구룩
한쪽 다리만으로 세상을 짊어지고 있다
휘청거릴 때마다

정신이 번쩍 들어 중심을 잡는다
한참 동안 자리를 뜰 줄 모르더니
날개를 펴고 포르르 날아간다

그가 뜯어낸 한숨 하나
도로에 떨어져 소리없이 굴러다닌다

하루치의 生

하루의 노동이 목줄기에 달라 붙어있다
선풍기가 느릿하게 수를 세고 있다
방바닥은 개의 혓바닥처럼 늘어진다
참지 못해
에어컨을 새로 샀다
남편의 월급보다 비싼 열을 식힌다
남편 대신 쾌적 냉기와 얼러댄다

열기는 건물 주위를 맴돌고
나는 늘어지게 낮잠을 잔다

리모콘을 꼭꼭 찍을 때마다
닫힌 문틈으로 하루치의 生이 나간다.

부부

흐릿한 세상이다

길옆에 차를 세워
부러진 안경 만지작거린다

일 가기 전 아내 한 번 더 안아 보려다
아내 팔꿈치에 안경이 떨어져 부러졌다
미안해하는 아내에게 살짝 웃어주었다
부러진 안경만 만지작거리던 아내
돈 없어도 안경은 하라 한다
나중에 해도 된다며 일어서서 나온 길

즉석본드로 붙였더니
잘 붙는다

길을 잃다

미늘에 갇혀있다
추위를 피해 건물 안으로 날아온 참새 한 마리
파드닥 거리며 날았다

유리창 너머 세상으로
처절한 날갯짓이 시작된다

탁.
툭.
탁.
툭.
발 한 짝 얹을
널짝 하나 없는 도시의 인심

보그르르 보네르

저녁반주로 한잔 따라 먹고
주둥이 막아놓은 막걸리에서 소리가 난다
남편이 잠든 사이
저녁상 끝에 앉아 한소리 한다
보그르르 보그르르 살아나는 소리 들린다
남편이 일터에서 돌아오며 사온 막걸리
허리 아프다고 해도 참으라고 야멸차게 등 돌렸는데
언제부터인지 가까이서 작은 외침이 보그르르 보그르르
세게 부딪히고 터져 나온 것은
속이 뭉개진 그의 내장 같은 통증
천천히 달래주며 여러 번 다독거려주었더니
사르르 녹는다
뿌옇게 올라오던 뻣덴 거품 푸쉿 푸쉿
다시 코 골며 잔다
막걸리 피부 살아난다

하드웨어

한밤중 컴퓨터의 자판에 묻힌
뜨거워진 하루
숨 가쁜 머릿속
업었던 짐을 부려 식힌다

내일을 걱정하는 남자
코를 골며 잔다
생활의 지독한 냄새
밀려들어 온다

어느 순간
잠시 멈춘 소리
기다린다
전선처럼 길게 귀를 늘이고 기울인다
어디에서부터 시작되는 소리인지
끝을 따라간다

난, 잠을 미루고 깨어있다

창문 열고 들어선
찬 기운이 귀를 긁어댄다

새벽 첫 오토바이 달리는 소리

셋방살이

공사가 한창이다
시멘트가 날아들어
쇠비름마저 죽어버린 공터
재건축에 흔들리는
크르릉 거리는 소리 요란한 동네에
집이 하나 지어졌다

녹슨 철사와 쇠못으로 만든 집
잠깐 앉아 있기도 불편한
쇠 둥지에 자리 잡아
알을 품고 있다
어미는 연신 고개 돌려 주위를 살핀다

주머니가 두둑한 사람은
신구간까지 기다려 주지 않고
산달이 다가오는데
방을 비우라 한다

쇠못의 차가움을 녹이며
이가 시린 밤을 넘긴다

하루 일을 마치고

예전에 그는
막걸리 같은 피부였다

날 좋은 날 아침잠 물리치고
현관문 나서고
해가 지면 막걸리 두 병 들고 들어오는 남자
시원한 게 제맛이라고
냉동실에 살짝 얼려두라 하고
얼기도 전에 잠이 든다

코고는 소리
방 안 가득 몸질 친다
하루 종일 일한 삯 풀어헤쳐 놓는다
자다가 코고는 소리 멈추면
툭,
푸우,

구릿빛 숨을 쉰다
페인트 독이 스멀스멀 형체도 없이 쏟아져 나온다
손을 내저으며 뒤척인다
색이 다 빠져나간 하얀 머리카락
누우면 발끝이 닿는 방에
고꾸라져 잠든 남자

막걸리
서서히 얼어 가고 있다

에덴에서 나온 아담

내 남자는
저녁마다 탁 쏘는 남성스킨을 바른다
사랑한다 사랑한다 다가온다

온종일 페인트 통을 짊어진 등에는
절망의 옹이가 생기고
일당을 놓치지 않으려는 손톱마다
악착같이 달라붙은 하루치의 페인트 된 생

사랑에 독이 묻을까
박박 닦아낸다

숨을 쉬면
땡볕에 페인트 냄새
남의 쉼팡 곱게 덮는 동안
한낮의 사다리가 휘청거린다

콧속에 남은 독한 페인트 냄새가
내 남자의 사랑이다

제 4 부

말린 꽃

어머니가 산소 호흡기를 메고 바스락거린다

물에 젖은 삼베처럼 질긴 생이
노랗게 덮어지려 할 때
돌아가는 길 찾아가려니
살아온 길도 낯설어 망설인다

자른 탯줄처럼 말라간다
마르고 싶다거나
스스로 생을 내려놓기는 쉽지 않다

지친 가족이 작별을 하려는 순간
마른 잎들 틈에서 부스럭거리며 손을 내민다
산소마스크를 떼어낸 꽃
죽음의 숨 뱉어내고
날아들던 벌과 나비 호~이 하고 불러낸다

수분을 남겨 놓지 않았다

텅 빈 몸으로 버티고 누워
단 하나의 생명을 위해서도
수분을 남겨 놓지 않았다
뿌리는 물길을 찾다가 누렇게 말라가고
부엌 선반 빈 페트병 안에서
가시 돋듯 올라와서는
금세 어미 품에서 젖을 찾아 불어가더니
두어 뼘 넘게 줄을 뻗어나갔다
바쁘다고 그냥 지나쳤더니
세상에 길들여져 굵기도 전에
하루 이틀 샐쭉하여 말라갔다
자존심으로 마지막 남은 수분마저
잎을 키우는 데 쓰고 있는 줄 몰랐지
더 이상 줄 것조차 남기지 않았다

지켜보는 이를 알아차렸나
끈질기게 솟아나려는 마지막 안간힘으로
올라오고 있는
붉은 아기 순

빈 자리

추석날
아무 때고 모두 모이기 힘들다고
사진이나 찍자는 말에
식구들
제자리 찾아 서 보니
해인사로 출가한 막내아들
빈자리가 걸린다
웃으라는 사진사의 주문에
빈자리와 하나 되어 웃는다
어머니 슬쩍, 사진사에게 독사진을 찍겠다 주문한다
모두 떠난 빈자리
혼자 앉은 어머니, 무청처럼 웃는다

수국

추적추적 비 맞아
힘없이 축 처지고 윤기는 사라져
병원에 누운 환자처럼 멍하니 딴 세상 보고 있다
질기게 서로 껴안고 떨어질 줄 몰라
누렇게 후물거리며 삭아지는 얼굴
밝은 빛 모두 잃고
황토벽지 바른 할머니 집 그대로 닮아가는
후줄근하게 비 맞는 상복 입은 며느리
설레던 기억들이 지우개로 지우듯 지워져서
지금 이대로가 원래의 모습인 듯
바람 드나드는 이 사이로 휑한 웃음 흘리며
너풀거리던 여름 떠받치고 앉은
잘나가던 시절 질기게 달고
해풍이 못살게 굴어도 꿈쩍하지 않고
가을을 넘기며 정거장에 앉아 있다

발톱을 깎으며

어머니 팔 다치고 혼자 세수도 할 수 없어
처음으로 어머니 작아진 몸을 닦아 드린다
몸 하나 가볍게 씻어드리는 것도 힘들다고
불평이 목에 걸린다
조심하지 않고 다치면 어떡하냐며
아이 혼내듯이 잔소리한다
목욕을 끝내자
아버지는 어머니를 받아 앉히고
젖은 머리에 감기 든다며 어머니 머리를 말린다
헤어드라이기에서 실실 바람이 나온다
살살 손가락 빗질을 하며 고운 어머니의 머리를 넘기신다
햇살을 받아 환해진 방 안이 봄 동산이다

다음 차례는
아버지가 허리를 굽히고 낮은 자세로
어머니 발을 쓰다듬고 발가락을 세어가며 발톱을 깎는다
젊은 시절 바람기
참회의 의식처럼 또각또각 잘라낸다
어머니는 아버지의 반성을 조용히 받는다

종이 자벌레

누가 버렸을까
어디에서 왔을까
큰 길에 휘청거리는 구겨진 종이
한참을 재어도 되돌아 갈 수 없어 발에 차인다
바람이 손이 되어 잡아주고 나서야
길을 건넌다

바람 부는 늦가을
헐렁거리는 몸 세워 조심스레 발을 옮긴다
잔 바람에도 넘어져 온몸이 골절을 입는 어머니
꾸물럭거리는 몸으로 거리를 재고 있다
태어나서 먼 곳으로 가 본 적 없고
어디까지 가야 하는지 알지 못해
한 나절 다 지나도록 굽은 몸으로
그 자리에서 맴돌고 있다

마라도 숨비기꽃

젖내가 난다
퉁퉁 부어 젖을 먹일 시간을 놓치고
물 밖 세상에 한숨을 쏟아낸다
할망당 앞에 핀 그녀가 다소곳하게 앉아
남은 햇살 속에 몸을 말리는 동안
그녀의 젖은 바다로 버려진다
아까운 보리젖
퉁퉁 부은 아이의 헛배처럼 비었다
바다처럼 시린 입술을 깨물 때마다
보랏빛으로 떨어지는 젖멍울
불턱을 쌓듯 돌을 얹어 소원을 빌었다
할망당 앞에
빌다 잠든 그녀의 눈물이 떨어져 피었다
낮은 불턱에 몸을 잔뜩 움츠려
땅과 돌을 감싸 안아 바람을 피하고 있다

가시

열아홉에 얼굴 모르는 신랑 만나 금가락지 포기한지 오랜
굵어진 손마디 가시가 박혀도 쓱쓱 손을 털고 마는
빌레왓 돌렝이 번듯한 발 욕심에 동튼 하늘 쳐다볼 겨를도 없이
날마다 자갈 치우느라 휘는 허리
새벽 길바람에 시린 바람 들어 호미로 쳐내어도
가시처럼 쿡쿡 솟아 나온다
밤마다, 어머니는 콕콕 쑤셔오는 관절염에 잠 못 이룬다
쏙 하고 빼버리면 되는 것이 아니라서
깊게 박혀 눈물로도 뺄 수 없는
팔순의 눈 뜬 밤

무릎이 시리다
구구단처럼 입에서 나오는 넋두리

눈에 보여 수술하듯 뽑아버리면 되지만
살 속 깊이 박혀 밤이면 살살 달랜다
달래어 줄 사람 없이 살아오며
당연히 자신의 몫이라고 알고 살아와
밤이면 혼자 싸움을 시작하시는 어머니

멍

마음의 문 닫고 돌아서는
일탈을 꿈꾸는 어린 철학자
아무도 따라 할 수 없는 사춘기
고개 숙인 얼굴
제대로 얼굴 보고 말하지도 않네
다독이는 사이에도 미움이
찌푸린 얼굴 사이로 삐저나와 노려본다
추스르기에는 늦었는지
눈물이 아픈 두께만큼 더해진다
멍 자국이 파르르 콧등으로 내렸다
흐리다
욕조에 남은 물처럼 마음이 뿌옇다
좁은 욕조 안에서
넓은 바다가 있다고 큰소리치는 동안
파랗게 멍든 어깨가 축 늘어졌다

아침마다 무거운 현관문을 사이에 두고 실랑이한다
아들 뒤로 청개구리 뒤따른다
그냥 웃고, 그냥 이유 없이 화를 내는 청개구리 한 마리
딱 붙어 떨어지지 않네

꽃치마

느닷없이,

어머니는 옷장에서 꽃치마를 꺼내어 마당으로 던졌다
꽃들이
떨
어
졌
다

어머니 버선코 따라
색색이 피우던 꽃들

남겨 둘 것도 없이 말라버린 어머니
가꾸던 꽃밭에 휑한 바람 불어
날아가 버린 기억의 시간을 찾아 헤매다
어머니는 아기처럼 숨었다

당황하는 낮빛이
떨었다

주워 담으려 해도
부서진 꽃잎 바람에 날아가고
어머니,
놀란 손만 허우적대다
잠에서 깨어 숨 가쁘게 떨었다
눈길 받지 못한
기억의 꽃들
힘없이 마당에 뒹군다

지팡이

아무도 오고 가는 이 없는
한낮,
공원에 버려진 지팡이
자신의 몸체만큼 그늘을 만들어
그 그늘 아래 눕는다
남은 시간 채운다

작아진 몸
구부정하게 꺾인 지 오래다
기력이 다 되어
의자 위에 누워
걸어 보지 않은 하늘 올려 보다가
손사래 친다

명아주처럼 질긴 삶
앞서 걷는 걸음이 힘에 부쳐
눕는다

나이든 겨울

나이 먹은 입동을 어제 보내고
산문을 열었다
조릿대 위로 바람이 불어오자
화려하게 치장한 잎들이 화라락 떨어진다
귀한 지폐처럼 날아간다
잎처럼 떨어지는 것은 무엇일까
주워 담을 수도 없는
두꺼운 양말을 신고
데일 만큼 뜨거운 물을 보온통에 담아 몸을 녹이며
개인 사무실에 근무하는 주름이 익숙한 여자
겨우 컴퓨터 자판을 느리게 누르며 일을 한다
나이를 먹을수록 집착은 강해지고
아집이 생긴다
머물러 있는 시간
이렇게 빨리 변하여
어제처럼 보내버린 계절

화려한 경치에 넋을 잃고 살다가
바닥으로 누워버리는
춥다

제주수선화

김순이 시인 어머니
영안실 문 앞
삼단 조화 틈에
어머니 한숨처럼 새어 나온
향기 한 다발

머리에 두른 히얀 수건 아래
수줍게 웃던 여인
하얀 적삼 사이로
봉긋했던 노란 젖가슴
고개 떨구고 있다
고향이 제주라는 것만 알 뿐
집안으로 들어와
다소곳이 피어올라
서울색시 부럽지 않았는데
남의 손을 타서인지

시들시들
바닷바람에 날려오는 소금기
얼굴색 잃은 지 오래다

문을 열고 들어서면 방 안 가득
어머니 젖내음

어디서 왔을까@

이 숲에 언제부터 자리를 마련하였을까
이곳이 본래부터 너의 자리였을지도 모르겠다
네가 이곳으로 온 것이 아니라
너는 처음부터 여기에 있었고
이곳은 원래 바다였다
지금은 산이 되어 숲을 이룬 것처럼
넌,
이곳을 떠난 적이 없을지도 모른다
이 숲에 버려진 것이 아니라
이 숲에 마지막을 살았는지도 모른다
네가 집을 비우고 떠난다는 것은 생각지도 못한 일이다
그런 일은 상상도 못한 일

시간은 급하게 흐르고
네가 떠나는 사실
사실이 되어
너의 얼굴을 볼 수 없게 되었을 때에도
믿지 못하는 한 가지
잊을 수 없는 기억들이다

빈 껍질로 덩그러니 누워 숲에 남았다

손님

초대하지 않아도 지나가다 들른 듯이 들어와
자리 잡고 앉아 가족행세를 한다
머리 위에 올라 앉아 주인행세하며 자리 잡았다
무수한 내 머리카락 중 한 가락
유난히 눈에 띈다
이 녀석이 온 지 얼마 되지 않아
약하게 뿌리 내린 줄 알았더니
아무리 뽑아 내치려 해도
다른 머리카락 붙들고 나가려 하지 않는다
내 손이 허우적댄다
겨우 한 올의 다름에 두려운 마음이라니
얄미운 생각에 뽑는 것을 그만두었다
마흔 넘기다 보면
어쩔 수 없이 찾아오는 손님이다

제 5 부

푸른 낙엽

너를 잡아 끌던 검은 그림자
서늘하게 너의 방 기웃거린다

질척이며 내리는 비
한 평짜리 새 집을 밟는 신발 흙으로 달라붙어
나를 잡아당긴다

눈물은 자꾸만 기억 살려내고
너를 불러낸다
비밀처럼 간직한 너의 짝사랑도
불러내어 준다

펄럭이던 청춘을 자르고
가랑잎처럼 구른다

새벽 두 시에서 네 시

두 시
새벽 장사를 마친 옆집 식당에서
하루를 버리는 둔탁한 소리
술 취한 넋두리들의 신발 끄는 소리
담벼락에 기대어 두런거리는 낮과 헤어져 외로운 소리
귀를 기울인다

낮에 친구의 부음에
한 잔 하고 할 말 다 하지 못하고 술자리에서 일어나
꼬부라져 나오는 말 알아듣지 못한 친구 녀석 집에 들어가 자라고만 하니 답답하고
몸은 무거워 자꾸 땅으로 내리고 장마라 새벽 기운에 물컹한 빗물이 눈에 걸려 내리는데 아무도 모르지 비가 또 오려는지 축축하다 친구 부축에 일어나 걸으며 비틀거리는 가슴 잠이 들면 도로 나와 장지로 갈 시

간 생각은 머리에 툭 던져놓고 윽박지르며 친구도 가라 밀쳐낸다

네 시

잠에서 깬 소리들이 바쁘게 걸어간다

하루를 포기한 술꾼의 고성방가는 날카롭게 아침을 깨운다

친구 가는 날 비는 오지 말지

하얀 비둘기

혼자
뭇 비둘기 속에서
떨어져 나와 날아간다

어둠이 드리워진 아파트
거대한 그림자 되어
외롭이
웃음 삼켜버렸다

느긋한 생각은 걱정으로 바뀌어
주섬주섬 찾아 나선 빈 색의 새 한 마리
구부러진 길이 낯설다

공원으로 난 캄캄한 길
안개등 속으로
우련하게 날아오르는 녀석을

그대로 보내고
구월의 떨린 몸으로 돌아왔다

가까운 곳에서
파드닥거리는 소리

검은 물소

단숨에 달려와
참아 달라는 말도 하기 전에
정신을 잃고 쓰러지는 순간 모든 것은 사라지고
아우성은 멈추었다
바닥을 발로 차며
싸움판의 소처럼 머리를 휘두른다
한발의 신호단에
일제히 수천의 개미들이 나무를 점령하듯 내달았다
거품을 물고 달려든다
쓰나미가 지나간 곳은 어둠이 둥둥 떠다니고
되돌아 나오는 길조차 차가운 회초리에 내몰리듯 움
츠러들었다
소리조차 지를 수 없는 얼굴은 흡사 가면을 썼다
집을 흔들고 잠자리를 쓸어내고 먹을 것을 짓이겨
단물은 사라지고

검은 물에서는 죽음의 그물을 내려 사방에서 몰려
든다
내가 겪지 않으면 남의 일이 되어 아프지 않은 일이
내 일이 되었을 때 삶은 달라지고 시선이 달라진다
바다가 밀고 들어와 할퀴고 간 찢긴 길 위에 서 있다

베트남에서 만난 기타리스트

오래전 이 나라에 비가 왔다
비가 많아 비도 눈물이 되어 흐른다
포탄이 비처럼 내리던 전쟁이 있었다
아기는 엄마 품에서 울었다
총구는 엄마를 겨누고
삼촌 할아버지 할머니까지 아기 위로 쓰러지고
아기는 엄미 품에서 살아남았다
덕분에 살아난 아기는
땅바닥에 얼굴이 눌린 채 고스란히 비를 맞았다
비와 스며든 전쟁의 가루가 아기 눈 속으로 들어갔다
아기가 기어나온 것은 비가 그친 오후
아기가 엄마 품에서 혼자 살아남은
그날 아기는 엄마를 볼 수 없었다
아기는 세상을 보지 못하고 눈을 감아버렸다
그가 본 세상은 어머니 품속 세상뿐이다
어머니를 가슴으로 부르며 기타를 친다

봄을 노래한다
세상이 봄이길 바랄 뿐이다
몸으로 느껴지는 봄햇살의 노곤함이
엄마품인 것을 안다
어른이 된 그의 손은 따뜻했지만
여전히 밤은 남고 밤을 살아가야 한다
그에게만 꽃을 피우지 않는 봄
보이지 않는 봄을 기다리는 노래 부른다
기타를 잡고 노래를 부르기 시작하자
그의 눈에 웃음이 돌았다

비양도 1

제주를 떠나 찾은 섬
비양봉 대숲이 건들거리며 섬을 흔든다
섬에서 자란 동네 어귀 유도화 입술
독을 품었는지 짙은 분홍가지 흔든다
여인의 분향기가 봉우리로 올라서자
바람이 세차게 불어대다
섬 사내 혼들이 놓는다
잠 못 이룬 붉은 눈으로
새벽까지 술독을 비울 작정을 한다
섬에서 내려가는 길
따라붙은 바람이 배 출항 시간을 챙긴다
잔잔하던 바다가 출렁이더니
소식들은 배가 거품 물고 들어온다

비양도 2
-배

비양도 드나들며 만취해 기분 좋아진 사내 배를 끌고 나타나 스멀스멀 배를 긁어대며 선창가에 배를 갖다 댄다 두둑해진 배 옆으로 왕복선 티켓 움켜잡더니 입가에 웃음 흘린다 배가 휘청거리자 배를 돌리고도 무임승선 뱃손님을 수상쩍게 훑어보며 아랫배 씰룩이며 허리춤을 올린다 배를 부리고부터 사내의 입담은 걸쭉해지고 배는 날로 부풀어 오르고 있다 파도 타듯 출렁이는 배 시간이 되면 섬을 드나든다
배가 움직이기 시작하자 뱃속을 파도가 넘실거리며 드나든다

이모네 집

대구 진골목으로 들어가면 허름한 이모네 집 간판이 보인다 골목이 일어나 만세를 부르고 청라언덕 바람이 기 센 겨울밤 추어탕 한 그릇에 아랫목에 늘어지게 앉아 속 얘기 나누고 옆에서는 돈방석에 앉아 화투를 치고 소주 한 잔까지 걸치다가 처음 보는 사이에 단골처럼 인사하고 가깝게 앉아 이내 형 아우가 되어 비좁은 자리를 내어준디 이울러 큰 무리가 되어 술판이 벌어지고 구석에 앉은 처자를 보고 연신 고개 숙이며 미안해 하다가 그것도 잠시 곧 어우러져 막걸리 잔을 내민다 이모는 술상을 덤으로 봐오며 웃음인지 말인지 모를 입꼬리를 올리며 자꾸 먹을 것을 챙긴다 이모네 집에 쌓인 신문이 구석에서 겨울을 이겨내고 추운 밤도 녹여버리는 이모네 집은 외할머니 다음으로 소소한 것에도 마음이 들어가 추어탕 맛이 산다

그늘이 잠든 동안

낮 시간
그늘이 잠든 동안
뜨거운 햇살이 차 안으로 들어와 꽃을 말린다
시간이 지나면서 빛을 잃어간다
그늘도 만들 수 없는 시간
마지막 안간힘으로 버티다가
누렇게 남은 향을 퍼 올렸다
기진하여 몸은 바짝 마르고
움직일 힘도 없게 되었을 때
문이 열리고 햇살은 비켜섰지만
갇혔던 꽃은 향이 되어 맴돈다
몸을 기대고 누웠다
바삭거리며 돌아 누울 때마다
떨어질 듯 매달린 향이
휘리릭 날아간다
마른 잎 사이로 저울질 하며 없어진다

호랑거미

섯알오름 사월 꽃이
시월에도 피고 지고
피고 지고 수십 해
비가 오면 붉은 흙은 패이고
눈물 흘러넘치듯
오름 타고 넘어 알뜨르까지 떠돈다

백일홍 들국화 엉키어 핀 이곳에
거미가 독을 숨기고 색을 뿜어
날것들을 거미줄로 불러내어 유혹할 때
아무것도 모르고
가는 곳도 모르고 왔다가
거미의 입김이 닿고 아연실색
신발마저 내던진 순진하고 힘없는 것들
숨 끊어 놓고 자리 뜨지 않고 버티는 포식자가 있다
거미줄에 붙은 순진한 주검이

바람에 휘청거리며 대롱대롱 허공에 매달려
낮에도 그늘이 내려 서늘하다

시월 하늘 볕 좋은 날
섯알오름 그늘진 길 더듬으며
살아있는 것들 붕붕거리며
팔랑거리며 떼를 지어 꽃밭으로 행진한다

바람새

바람 분다
하늘을 날던 새 땅으로 와 박혀
발톱 쳐들고 바람 움켜잡고 일어나 바람을 돌린다
바람 없는 날
긴장한 발톱은 할 일 없이 외롭다
날 좋은 날에는 망설인다
비가 오면 그때도 마음대로 쉬어버리기도 한다
바람이 있어 살아가는 이유가 생기고
새가 되어 날아 보고픈 마음이 생긴다
살아있는 바람을 모으는 일 얼마나 자유로운가
서서히 발톱이 움직인다

바람 분다

행원리에 바람 낚는 새가 있다

거대한 발톱 하늘에 걸고 땀의 숨결 받으며

바다에 낚싯줄 걸고 종일 바람 월척을 낚는다

바람 부는 날 발톱 세우고

페달 돌리는

눈물 나는 바닷가 마을에 둥지를 틀고

힘찬 날갯짓을 하는

바람새 있다

약속

그녀가 찾아온 것은
장맛비를 담은 저녁이다
그녀는 긴 머리 길게 가방을 둘러메고
하가리 길로 접어들었다
연꽃들 꽃잎을 접고 어린 연잎 손질하는 시간
그녀의 숨소리 같은 발자국 소리에
개구리들 밤을 깨고 울어낸다

그녀가 하가리를 떠난 것은
긴 마른장마에 뿌리마저 연못바닥에 잡혀
발을 빼지 못하던 날
혓바닥을 날름거리던 뱀이 헐떡이다 말라가던 때였다

한때는 연못이 깊어 연잎이 연못을 다 덮고
그녀의 흰 다리가 고운 자태를 뽐내며 연못을 거닐 때면
연못이 몸을 떨었다

그녀가 돌아오고 연못에 꽃이 피었다
깊은 잠에서 깨어나
그녀를 따라온 천년 연의 향기
해 질 무렵 봉오리를 여미었다가
해 뜰 무렵 넓은 꽃잎을 연다

점심 한 끼

모이세요
오늘은 아파트 부녀회에서
점심을 준비했습니다

방송 소리가
아홉 평 임대아파트 단지 내 한 바퀴 돌 때쯤
분리수거 통 옆 서성이던 비둘기
귀도 밝아 얼른 발걸음 재촉하고 나온다

놀이터 햇살 좋은 자리
축축한 살 냄새 훌훌 날리며
살꺼풀 말리던 할아버지 고개 돌려
느리게 일어선다

콕콕 가려운 곳 긁어대던 녀석
구구구구 한 줄로 줄지어 선다

점심 한 끼가
아파트 단지를 따뜻이 품는다

산타, 신작로에 출현하다

고층건물 사이
스며드는 겨울 햇살 속
신작로 아래서
누런 노동복의 산타,
올라온다

손가락 버튼 하나면 이루어지는 침묵하는 사람들에게 불은 잊히고 굴뚝은 사라졌다

썰매를 타고 익숙히 다니던 길 대신 중앙선을 꼿꼿하게 걸어온다

그의 모습에는 비장함이 있어 아무도 막아서지 못한다

젊은 시절 모든 것을 걸고 꿈꾸었던 공장에서 오늘 그의 자리가 치워진 탓일까

이 도시 하천에서부터 고층건물 올라가는 연기까지
달게 먹고 살았던 시간이 억울해서
이 도시를 가로질러 마음을 잘라내고 있다
회색빛 수염은 한참 자라 날린다

신호등 바뀌는 순간
산타, 깔렸다

중독

24시간 다시보기 드라마 전편을 본다
텔레비전 화면이 잘게 잘리어
머릿속으로 들어와 외친다
밤새 내 안에서 드라마가 이어진다
몽유병 환자처럼 움직인다
온통 흐트러진 방에
머릿속을 빠져나간 생각들이 쓰레기처럼 날린다
똑같이 반복되는 주인공들
조금씩 빙의가 되어 다가온다
먹는 것도 우선순위에서 밀려나가고
마지막 회 드라마
밤새워 찍었다

두모악

김영갑 갤러리
그를 대신해서 솔방울을 많이 달고 있는 소나무
그는 오랫동안 용눈이오름을 찾았다
온 오름 다 찾아다닌 그가
살이 녹아내리고 돌처럼 굳어져가는 천형의 시간에도
서러움 내려놓지 못하고
삼달리에 오름으로 누었다
사람들 밟고 서서 바람 맞는 이곳
그와 하나가 되어 그의 사진 속에 찍혀 걸려 있다
시간이 흘러갈수록 노을은 구름을 물들이고
바람에 이끌려 온 하늘은 오름을 덮고 있다

바람이 가는 곳마다 셔터 누르는 소리
홍목련 핀 삼달초등학교 교정을 맴돌고 있다

손톱

거친 손 살 깊게 가려운 데를 긁어댄다
노려보는 너의 심장까지 오려내어 울린다
뿌리 어딘가에서 동맥이 뜨겁게 들썩이며
딱딱하게 흐른다
가끔 색을 잃는다
앓고 있다
누렇게 죽이가 제 역할도 못하고
길다
또 옥 똑
잘려지는 시간
웅크리고 숨은 서운한 마음도
고달픈 단칸방도 잘려진다
사방으로 피 튀기듯 튕겨져 내동댕이쳐진다
타령할 겨를 없다
마지막 세상을 만져보았던 너를
미련도 없이 종·잇·葬 치러진다

철거민

도시의
고층 건물 바라보며
집을 비워야 하는
사람의 눈은 헐리고
어깨마저 무너지고 있다

돌

돌을 키운 적이 있다
물에서 잘 크던 돌이 육지에 와서는 말라버린다

극사실주의 화가 고영훈은 날아다니는 돌멩이를 그렸다
책 위에 돌 세 개를 그리고 아내와 아이 둘이라 한다

돌이 된 아내는 잔소리가 없다
자리 잡은 그 자리에서 늙어간다
집을 비웠다가 돌아와도 여전히 집을 지키고 있다
아이가 돌이 되어 큰 돌 옆에서 기다린다
누구도 뭐라 하지 않고
아무도 아무 일도 하지 않고 있다
돌은 속으로 자라서 부풀어 오르고
다시 태어나도 돌이다
처음 생겨났을 때처럼 그렇게 태어난다

그의 돌이 꽃이 되고 호박넝쿨이 책을 감아서는
기억을 가지고 그대로 숨 쉬고 있다
돌에 꽃을 피우며

사라진 것이 아니라 모양만 달라진 것일 뿐
돌고 돈다
난,
돌이다가 꽃이다가

아프락사스는 없다

계란을 실은 트럭이 지나간다

완전한 세계가 묶여서
깨어나기도 전에
꽁꽁 묶여
백주 대낮에

날개를 가진 새의 후예 하늘을 오르지 못하는 무거운 발을 가지고 살아가다 그것마저도 거세당한 저 수많은 알들, 깨어 보지도 못하고

계란, 계란,

폐업

아기사과나무 겨울을 맞는다
문 닫은 주인집 바람만 들락거리고
추위에 볼은 빨갛게 얼었다
서러움이 후두둑 떨어져
얼마 남지 않은 그리움으로 기다린다
집 헐리고 시간 따라 덮이어 있던 흙먼지
하늘로 흩어지며 쾌쾌하게 기침한다
텅빈 주차장으로 차들이 돌아 나오고
잠긴 문에 자물쇠 묵직하게 목을 누른다
태어나 크기도 전에 씹히고 뱉어진다

담장 너머로 팔을 뻗어 불러 보지만
바람이 막아선다

사월의 북풍

바람 분다

사월 햇살을 받은 목련이 엊그제 피어 여린 꽃잎을 내밀고 있다 아직 피지 못한 목련은 가지를 붙들고 떨고 있다 목련 나뭇가지들 정신없이 흔들린다 이미 피어버린 목련은 숨지도 못하고 여린 살결이 찢기고 찢겨 만신창이가 되있다 어떻게 해 볼 수도 없이 바람은 틈을 주지도 않고 손을 놓을 수밖에 없던 멍든 살결은 찢겨 정처 없이 떨어져 바람에 휘들린다 하늘로 허공 속으로 미친 듯이 사라져 어디로 갔는지 소식도 알 수 없다 잠시 멈춘 바람에 기진맥진한 몸으로 몸을 일으켜 보지만 바람은 이마저도 야멸차게 뿌리치고 봐주지 않는다.

몰려온다

다시 흔든다 다시 흔들린다 이제 잡을 힘조차 없이 매달려 너풀너풀 가지에 걸린 채 꽃잎은 한 겹 두 겹 벌어진다 햇살의 간지러움에 부끄럽게 열었던 지난 봄과도 다르다 다행으로 아랫가지에 숨은 목련은 잘 버티어 주지만 얼마나 무서울까 하늘은 왜 저리 맑을까 바람은 이 화창한 날에 아무렇지 않게 다가와 목련을 흔든다.

정어리와 립스틱

립스틱을 돌리면
그녀의 입술에 닿을 정어리가 비릿하게 나오지
산세바스티안 스페인 바르셀로나
배고픈 나는 그녀의 입술을 장식해 준 립스틱을 먹을 거야
스페인에서 만난 음식이
통조림처럼 립스틱에 담겨
돌돌 돌릴 때마다 정어리 한 마리
난 립스틱을 먹는다

빈 달

물고기가 수족관에서 헤엄을 친다
살 다 베이고 앙상한 뼈와 머리밖에 없는데
물살을 가른다
보름인데 하늘 한 번 올려보지 못하고
하루가 간다
머리가 텅 비어 생각조차 하지 못하겠는데
가시가 다 드러나
핏빛 물에 씻겨 추운
하얀 가시가
자꾸 꼬리를 흔들며
수족관 돌아다닌다
느리게 헤엄을 친다

마지막 의자

얼마나 많이 달려 왔길래 그렇게 헐떡이는 것이냐
노을 진 바닷가에 나무는 해풍에 쓰러지듯 기울고
노을을 등지고 누구를 기다리는 것이냐
서 있기도 힘들어
무릎을 끓어
지난 시간 의자에 앉아 숨을 재우던
바람에도 귀를 기울이던 시간 나른한 시간이 있었지
몸이 깊숙이 의자를 밀치고 들어가던 그런 날에
자리를 옮겨 앉아 보기도 하고
눈을 그게 뜨고 깜박여 보고 고개를 이리저리 저어 보기도 하였지
여전히 숨을 고르게 도닥이며
멀리서 새 노랫소리 간간이 들린다
더 깊어진 의자는 내려간다
손을 힘없이 내려뜨리고 작은 눈동자의 떨림만 다녀 간다

제 6 부

미타의 신부(新婦)

1. 달팽이

느릿느릿 걸어 온다
오른손에서
왼손으로
콩 한 방울
옮겨 놓는 동안에도
시간은 봄 꽃잎 떨어지듯
바람에 하늘거리며 공기의 맛을
간한다 천천히 춤을 추듯 곧장 내리지 않고
동편 서편 구경까지 그러다가 나무에 걸터앉아
한참 바람을 기다렸다 타고 오는 시간까지 지나고 나서야
온다 발 한 발 옮겨 바깥바람 쐬러 오는 느린 영상으로 걸어오는
걸음에는 발걸음 하나에 발바닥이 허공으로 오르기까지 아지랑이
오르는 아른거림처럼 올라와서 다시 땅으로 내리기

까지 굽은 허리

움직임도 없이 느리게 발을 딛는다 고개를 돌리는 순간에도 바람의

소리까지 귀 기울여 세상 소식 들어보고 돌담 틈으로 내 비치는

노란 유채꽃 향기에 코를 벌름거리다가 촉각을 예민하게 세워

귀를 살짝 쫑긋거린다 어린 눈망울 내민 것들의 소곤거리는

소리에 미소도 지어보고 돌아오는 시간 걸어온 뒤 남은

발자국은 돌아보지도 못하고 몇 발자국 아주 천천히

고개를 들어 가까운 하늘 잠깐 올려다보고

휠체어에 기대어 서서히 엉덩이를 내려

깊숙이 자리 잡고

앉아 한참 숨을

고르고 나서
잠깐 얼굴로
들어온
봄 햇살에
또 잠깐
눈을
감고
졸고
있다

2. 오월

미타요양원의 신부(新婦)들과 풍선놀이를 한다
보살의 미소에 흥겨워 놀다
쓰고 있던 안경을 떨어뜨렸다
알이 없어진 안경
할 일이 없어지자
멈추었다
멈춤
멍
신부(新婦)들 풍선놀이 본다
내가 아닌 누군가를 보는데
눈이 아니라
기억으로 본다
풍선처럼 가벼워진 시선으로
살아나는 웃음
되살아나는 몸을 본다
해가 뜨고 지는 동안

조금씩 움직이는 미세함으로
나를 발견하듯
신부(新婦)의 미소
저절로 내려놓게 한다

3. 청개구리

청개구리 잡다 놓쳤더니
신부(新婦) 치마 속으로 들어가네

볶은 쌀입니다 봄꽃을 그립니다
쌀을 올려놓으면 쌀꽃이 됩니다

한 알 한 알
그려 놓은 선 안에 쌀을 놓는다
꽃잎 하나가 쌀꽃으로 피었다
꽃잎 두 개 생기기도 전에
꽃잎 하나 긁어낸다
풀이 마르기도 전에 꽃잎 다 떨어낸다
꽃이 어디로 갔는지도 모르게 꽃이 없다
꽃이 되지 못한다는 걸 아는 것인지
이미 져 버린 꽃잎에 미련도 주지 않고
볶은 쌀을 집어 먹는다

꽃이 되는 것보다 더 구수한 쌀 한 알
남김없이 먹는다

4. 미타요양원

신혼집을 마련하는데 오래 고민합니다
가족이 모였습니다
새로운 보금자리는 전에는 생각지도 않던 일입니다

너무 멀어 자주 가보지 못하면 안 됩니다 집값이 부담되기는 합니다만 그래도 신혼집이니 깨끗하고 주위 환경도 좋으면 더 좋겠습니다 두 사람 손 잡고 산책도 하고 밥을 맛있게 먹을 수 있으면 좋겠습니다 처음 하는 살림에 어색하고 손은 느리고 입맛은 잃은 지 오래고 혼자 할 수 있는 일은 쳐다보아주는 것뿐 손 잡아 주는 것뿐 그래도 두 사람 가만히 봅니다 서로 잔소리도 합니다 옷 잘 입으라고, 머리도 빗겨줍니다 잘 살 겁니다 같은 집에 같은 방에서 손 잡고 잘 수도 있으니 다행입니다 서로 찾으면 보이는 곳에 있으니 좋습니다

두 사람 그렇게 정이 깊어 같이 이 세상을 등진 것인가

봅니다
다른 세상에서 살고 싶었는지도 모릅니다
이 세상 살기 너무 힘들었습니다

5. 장미

5월의 장미는 신부(新婦)
볕 좋은 날 마당에 앉아 발그레 절로 피어
대문으로 들어올 님 기다리네
벌써 마음 서성이다 앉기를 여러 번
바람에도 물어보듯 흔들다가
고개를 저어보다
끝내 힌 겹씩 고개를 묻고
잠이 온다
눈시울 붉어지는 기다림이 지쳐
다가서도 눈을 감고
흔들어 깨우면 겨우 무거운 눈을 들어 본다
말이 하고 싶지 않은지 굳게 다문 입
보고 싶은데 아무도 데려가 주지 않아
몇 번이나 일어서려고 했지만
이제 도와주지 않으면 할 수 있는 게 없으니
추스르기도 전에 비에 젖는다

가시를 떼어낸 지 오랜 장미는
비가 오면 우울하다
날 서듯 가시를 세우던 때는
귀찮게 다가와 모질게 꺾더니
이제는 하나둘 드문 발걸음에
안으로 가시가 숨어들어 서럽다
돌담 위로 뻗어 나가던 그때처럼
당당하게 걸어 보았으면
신부 비를 맞고 있다
바르르 부서지듯 떨어지는 꽃잎

6. 시집가는 날

가을바람 콧바람 쐬는 날
시집가는 날처럼 긴장되는지
신부는 말 대신 미소를 짓는다
한복 하나 지어 입고 신랑 따라
옆 마을로 시집가는 길
차츰 흐뭇한 얼굴이다
힘도 부치고 휠체어에 몸을 기낸 채
눈동자는 무겁게 내리는데
고운 한복 만들어 입자는 말에
장에서 고운 천 고르던 날 생각해내곤
어느 것을 고를까
힘없이 감추던 손 뻗어 천을 고른다
고르는 손이 분주하여 힘이 생긴다
노랑 저고리에 분홍치마
꽃다운 새색시가 되는 날
눈이 반짝거린다

7. 있는 것과 없는 것

생선은 쟁반에 오롯이 누워 신부처럼 나를 기다리고
있다
저 한 마리 완전한 것이
이제 온전하게 나에게 올 시간
놀랄 틈도 없이 하이에나처럼 덤벼든다
고스란히 빼앗긴 살
남은 것은 대가리와 꼬리 그것을 지탱하던 등뼈
쉴 새 없는 젓가락질에 남은 것은 나의 배부름
아쉬운 헤어짐의 시간을 알리는 절차는 필요 없다
내 배가 채워질 때마다
저것의 온전한 자세는 사라지고
나는 있고
저것은 없어지는 시간이
연기처럼 타오른다
미타의 신부는 사라지고
남은 것은

생선의 가시처럼 솟아나는
서러운 기억과 시릿한 조각들
빈 접시를 받드는 영혼의 49재

빈 몸으로

아침 공양 풍경이 흔들리는 시간
선림사 대웅전 앞 연못에
날개 파닥이는 바람 왔다 갔는지
빗질된 도량이 경건한데
백팔 배 마치고 나온 잿빛 두루미 한 마리
연못에 마지막 공양처럼 누웠다
찬 겨울이 흘린 발자국처럼
혼자 떨어져 나온 날개는
길 재촉하지 못한 채 얼어붙어
연못을 덮고
밤 동안 날개 아래 숨 쉬는 것들의
따뜻한 겨울을 녹여주고는
빈 몸으로 하늘을 오른다
하늘에서 날개를 저을 때는
가벼운 바람으로 날았지
땅에 내려놓은 몸은

거대한 목탁처럼 도량을 흔들고
숨을 가둔다

교래리 퇴근 길

하늘을 뒤덮은 까마귀떼 까악까악 줄을 타고 놀다가
집으로 가는 우리를 내려본다
친구 아버지 일포라고 문자가 왔다
기억 속에 잠들다
검은 상복을 입고 한 줄로 늘어선 울음
까악까악
떠나셨다
교래리로 접어들면
방지턱은 바퀴를 넘겨주기에 인정을 걸지 않는다
덜컥이며 넘자 돌아올 수 없는 길이 되고

어둠이 오는 시간
새들은 잎이 없는 나무에 가서 잎이 된다
흑백 사진처럼 시간을 거슬러 날아가 앉는다
전깃줄에 나뭇가지에 가슴으로 날아와 앉아
까악까악 운다

교래리 사거리에 멈춘 시간
장의 행렬처럼 차들은 밀고 당기며 곡을 하고
만장 휘날리듯 바람에 까마귀떼 흔들리며
하늘을 배회한다

소리 없는 어둠으로 찾아드는
돌아가는 길
또 하나의 방지턱에
턱턱 걸려 몸이 흔들리고
덜커덕 정신 차리면 순식간에 몰려오는
초조한 눈치 싸움으로 내달린다

출가

일주문 앞

갈려면 누이 집으로 가거라

큰 스님 말에 동자행려
서성거리다
들뜬 기분이 길을 앞선다

집 떠나
일주문 앞
냇가에 앉아 발 담그며
망설이던 시간
말없이 옆에 앉아있던
누이

연꽃등 둥둥 뜬 바다

하얀 배가 만국기 날리는 꿈꾸며
출가한 누이
동자 행려 발걸음이 재다

침묵의 집

길상사 안으로 들어가니
말이 잠긴다
입으로 내뱉었던 말들이
침묵 속에 들어가
칩거를 시작한다
아득히 기도로 안부를 묻고
돌아서는 길상화
부디 잘 지내시길
옷깃 닿을 인연으로
합장하는 여인을 따라간
그 길에 혼자 남아
침묵의 그늘 아래를 지나
아침 비질 된 길상사를 기웃거린다
침묵의 방에 들면
혼자가 되어
나를 깨우는 의식을 시작하지

예불 목탁소리 침묵과 하나 되어
길상사에 머문다

보따리를 싸다

마흔 살 사월초팔일
덕림사 가파른 돌계단을 오른다
뒷길주차장 지름길 있지만
오늘만큼은 가쁜 숨을 고집한다

한 계단 올라
바리 하나에 품었던 욕심
편하게 살게 해 달라 빌며
보듬던 보따리
푼다

또 한 계단 오르고
밤새
몸의 일부가 하얗게 뜯어져도
아무렇지 않게 쓸어 내 버리며
먹고 살기 힘들다고

어제 일도 잊고 산다

계단을 오를 때마다
큰 스님
사람이 살아가다
마흔이 되거든
보따리 쌀 준비를 하라는데
무엇을 버리고
무엇을 싸야 하나
일주문 앞에서 머뭇거린다

해설

해설

바람의 시학, 그 존재론적 상상력

_ 김정희의 시세계

양영길 / 문학평론가

I. 프롤로그

김정희 시작품에는 '바람'이 많이도 나온다. 이번에 엮는 시집에서만도 얼추 60번은 넘는 것 같다. 다음으로 '바다'와 관련된 어휘가 30번 정도. 이에 따라 그 서술어도 '흔든다', '흔들린다'가 30번 정도 나온다. 이 정도면 바람 같은 시인이라고 해도 될 것 같다.

바람은 종류도 많다. 계절에 따라, 방향에 따라, 장소에 따라, 강약에 따라 다양하다. 그래서 그런지 김정희 시를 한 마디로 한다면, 소재의 다양성으로 이야기될 것 같다. 그만큼 부딪치는 것이 많고 상상력이 풍부하다는 이야기이기도 하다. '보다 깊은 시인'은 '표면에서 즐기는 시인'에 비해 읽으면서 감동을 받거나 또 다른 상상력을 자극하여 독자로 하여금 예기치 않은 상상력을 펼칠 계기를 제공해 주기도 한다. 이는 시인의 여유와 여백이기도 하다. 그 속에는 시인의 소박함과 순수성이 더 많이 담겨 있기 때문이다.

II. 바람에 갇히다

순수성을 잃어버린 우리들의 어수선한 꿈속에 '바람'은 적나라한 모습으로 나타난다. 우리들이 살아가는 세상의 어수선한 꿈은 보다 깊은 시인들의 존재론적 물음에서부터 시작된다고 할 것이다. '바람 분다', '파도 친다', '흔들린다'라는 말보다 더 현실적인 말은 없을 것 같다. 그 현실성은 인간의 사고 가운데 가장 한가운데에 깊이 작용할 것이기 때문이다.

내 안에

다른 나를 가두어 두고

몸부림친다

다른 나에 갇혀 있다는 것도 모르고 산다

문을 열고 나가 보면

또 다른 벽이 막고 있지

다시

뛰쳐나가려

내 안의 나를 찾아서 끊임없이 벽을 깬다

포기할 수 없는 운명을 산다

또

갇혀서

— 〈마트로시카는 갇혀서 생각한다〉 전문

우리들은 놓여 있으면 갇히고 싶고 갇혀 있으면 놓여나고 싶다. 그런데 마트로시카 인형처럼 놓여났다고 생각했는데 또 다른 갇힘, 또 놓여났다고 생각했는데 또 다른 갇힘의 연속, 그러면서 점점 작아지는 존재. 우리 보통 사람들의 삶이 다 그럴 것 같다. 늘 '벽'과 마주하고 내 안의 나를 찾아 뛰쳐나가려고 몸부림치고. 바쁘다 보면 "다른 나에 갇혀 있다는 것도 모르고" 지낼 때도 많다. 그러나 보다 깊은 시인의 상상력은 '포기하지 않고' 또 다른 벽을 찾아 마주하게 된다.

바람 같은 사람이 마트로시카 인형 속에 갇히면 어떻게 될까. 아마도 몸부림치며 뛰쳐나가려고 발버둥치다가 지쳐비릴지도 모른다. 그러나 김 시인은 뛰쳐나가려고 애쓰는 단계, 눈물 단계를 거쳐 초월하고 즐기는 단계도 뛰어넘고 "내 안에/ 다른 나를 가두"는 경지에까지 도달한 것 같다. 결코 "포기할 수 없는" 갇힘, 그것은 '눈물' 단계를 거치고 즐기는 단계를 넘는 바람 같은 시인만의 '운명'인지도 모른다.

마트로시카 인형은 시인의 시적 분신(詩的分身)이기도 하다. 그래서 이 시적 분신을 찾기 위해 심리적 대립 감정의 기회를 갖고 끊임없이 대화를 나누면서 존재론적 물음을 되뇌고 있다, 김정희 시인은.

단숨에 달려와
참아 달라는 말도 하기 전에
정신을 잃고 쓰러지는 순간 모든 것은 사라지고
아우성은 멈추었다
바닥을 발로 차며
싸움판에 소처럼 머리를 휘두른다
한발의 신호탄에
일제히 수천의 개미들이 나무를 점령하듯 내달았다
거품을 물고 달려든다
쓰나미가 지나간 곳은 어둠이 둥둥 떠다니고
되돌아 나오는 길조차 차가운 회초리에 내몰리듯
움츠러들었다
소리조차 지를 수 없는 얼굴은 흡사 가면을 썼다
집을 흔들고 잠자리를 쓸어내고 먹을 것을 짓이겨
단물은 사라지고
검은 물에서는 죽음의 그물을 내려 사방에서 몰려든다
내가 겪지 않으면 남의 일이 되어 아프지 않은 일이
내 일이 되었을 때 삶은 달라지고 시선이 달라진다

바다가 밀고 들어와 할퀴고 간 찢긴 길 위에 서 있다
—〈검은 물소〉 전문

우리들은 모두 경쟁에 내몰린다. '토끼와 거북이'의 경주처럼 아주 아주 불공정한 경쟁도 모르고, 누군가 하나의 목표를 제시하면 혼이 없는 인공지능처럼 따지지도 않고 묻지도 않고 시키면 시킨 대로 달려갔던 게 우리들의 삶이었던 것 같다.

그렇게 달려간 길은 "소리조차 지를 수 없는" 가면을 쓰고 "할퀴고 간 찢긴 길 위에 서 있"기도 했다. "한발의 신호탄에/ 일제히 수천의 개미들이 나무를 점령하듯 내달았다/ 거품을 물고 달려"들었다. 그렇게 "지나간 곳은 어둠이 둥둥 떠다니고" "단물은 사라지고" "죽음의 그물이 내려지고" "여린 살결이 찢기고 찢겨 만신창이가 되"어 "정신없이 흔들"리고 "기진맥진한 몸을 일으켜 보지만 바람은 이마저도 야멸차게 뿌리"(〈사월의 북풍〉)쳤다. "정신을 잃고 쓰러지는 순간 모든 것은 사라"졌다. 우리들은 그걸 깨달았으나 이미 늦어버렸던 아픔을 하나씩 가지고 산다. 김 시인은 시인만의 특권처럼 그 아픔을 풀어놓고 즐기고 있다.

바람 분다
하늘을 날던 새 땅으로 와 박혀
발톱 쳐들고 바람 움켜잡고 일어나 바람을 돌린다
바람 없는 날
긴장한 발톱은 할 일 없이 외롭다
날 좋은 날에는 망설인다
비가 오면 그때도 마음대로 쉬어버리기도 한다
바람이 있어 살아가는 이유가 생기고
새가 되어 날아 보고픈 마음이 생긴다
살아있는 바람을 모으는 일 얼마나 자유로운가
서서히 발톱이 움직인다

바람 분다
행원리에 바람 낚는 새가 있다
거대한 발톱 하늘에 걸고 땀의 숨결 받으며
바다에 낚싯줄 걸고 종일 바람 월척을 낚는다
바람 부는 날 발톱 세우고

페달 돌리는
눈물 나는 바닷가 마을에 둥지를 틀고
힘찬 날갯짓을 하는
바람새 있다
— 〈바람새〉 전문

시인에게 '바람새'는 무엇일까. 이 시의 행간을 살펴보면, 시인 자신을 은유화한 것 같다.

"바람 낚는 새가 있다/ 거대한 발톱 하늘에 걸고 땀의 숨결 받으며" "힘찬 날갯짓을 하는/ 바람새". "하늘을 날던 새 땅으로 와 박혀/ 발톱 쳐들고 바람 움켜잡고 일어나 바람"을 돌린다. "바람이 있어 살아가는 이유가 생기고/ 새가 되어 날아 보고픈 마음"이 생긴다. "바람 없는 날/ 긴장한 발톱은 할 일 없"다. "살아있는 바람을 모으"기 위해 "서서히 발톱"을 가다듬는다.

시적 분신 같은 '바람'과 '바람새'는 사유 세계의 멈출 줄 모르는 상상의 날갯짓 같은 것이기도 하다.

III. 바람에 흔들리다

바람의 원소가 불화이기 때문일까. 김 시인의 '바람의 상상력'은 평범함에 늘 도전적이다. '바람은 억누를 수 없는 욕심'이라는 말처럼 김 시인은 자신의 가슴 깊은 곳에서부터 불어오는 시어들을 통해 세상의 흔들림을 되씹고 다시금 보듬고 있다. 바람은 변화의 중심이기도 하다.

꽃이 핀다
바다가 물방울로 지상에 떨어지는 순간
소금꽃 핀다
소금꽃 피는 날엔 아지랑이 오르고
바다는 긴 해를 끌어다 놓는다
이런 날
내림굿을 받는 것처럼 열병을 앓는다
온통 심장이 절여지듯 숨을 죽인다
깊이도 모르는 블랙홀로 빠져
몸의 돌기마다 꽃이 피어나기 시작하면

태양이 숨 쉬듯 번진다
소금꽃 피는 때가 되면
바람놀림 해놀림이 시작되고
일부러가 아니라 순간 결정체가 자리 잡는다
취하듯 몸으로 들어와 앉으면
설레이고 안절부절 그곳을 떠나지 못하고
눈은 한곳만을 바라봐
온전히 꽃 피우는 데만 가슴이 뜨거워져
밤이 되어도 식지 않아 잠 못 이룬다
온몸에 얼꽃 핀다
정육면체 사랑으로 핀다
꽃 피우는 일
바람이 자주 놀러오지 않고 관심 없으면
비가 와 버리기라도 하면
심심해진 사랑발은 도로 돌아가고 말아
다시 해를 기다려야 한다
마음에 피어난 꽃
태양 아래 소금쟁이 팔뚝 살만큼 검게 타야 한다
— 〈사랑발 내리다〉 전문

김 시인의 사랑법은 유별나다. “바다가 물방울로 지상에 떨어지는 순간/ 꽃이” 핀다. “꽃 피는 날엔/ 아지랑이 오르고/ 바다는 긴 해를 끌어다 놓”고 “내림굿을 받는 것처럼 열병을 앓”기도 한다. “취하듯 몸으로 들어와 앉으면/ 안절부절 그곳을 떠나지 못하고” “가슴이 뜨거워져/ 밤이 되어도 식지 않아” “몸의 돌기마다 꽃이 피어나” “온몸에 열꽃처럼” 핀다. 사랑법이 아니라 사랑발을 받아 열꽃으로 핀다. “바람놀림 해놀림”으로 “마음에 피는 꽃은” “햇살을 따라 가끔 한눈을 판”(〈의자에 앉아〉) 결실이기도 하다.

바람의 펄럭임처럼 나무가 떤다
새가 나뭇가지를 몇 번 건너 날아간다
나무는 매순간 누군가를 그리워한다
계절을 지나는 바람은 눈치 챘을 테지만
나무는 새의 발자국 소리 들으려고
조금씩 자리를 옮겨 앉아 가지도 더 뻗고
꽃을 피워 보기도 하는 것이다
나무의 떨림은

물의 파장처럼 온몸에 전해져
멍하니 서 있다가는 질투처럼 날카롭게
잎을 내려놓기도 한다
—〈나무와 새〉 전문

새를 짝사랑하는 나무가 바람이 났나? "새가 나뭇가지를 몇 번 건너 날아"갔다고 "새의 발자국 소리 들으려고/ 조금씩 자리를 옮겨 앉아" 보기도 하고 "가지도 더 뻗"어 보기도 하고. "나무의 떨림은/ 물의 파장처럼 온몸"이 달아올라 "꽃을 피워 보기도 하"고 "질투처럼 날카롭게/ 잎을 내려놓기도" 한다. "멍하니 서 있"는 "나무는 매순간 누군가를 그리워" 한다.

상상을 해 본다. "낮술에 취해/ 가을에 취해" "들국화 꺾어 그대 주머니에 꽂아" 주면, 그대는 "신랑처럼 걸어오네" "춤을 추며 걸어오네" "함께 걸어보는 길이 좋아서" "울렁이게 파도쳐도 좋아서" "파도 속으로 말들이 다 빨려 들어가는 줄도 모르고"(〈비양도의 고백〉) 사랑을 나누는 상상을 해 본다.

"바람의 펄럭임처럼 나무가 떤다" 나무의 떨림은 사랑

을 향한 설레임같이.

여행을 다니며 짐이 많아지면 남겨지는 것도 생긴다
춘천에서 기차 타고 오다 잠시 내린 강촌
세상이 달라지는 순간을 경험한 사람은 안다
잠시 모든 것을 내려놓아야 하는 상황이 되었을 때
그때 비로소 머리가 맑아진다는 것을
강촌에 두고 온 가방
그곳에 남겨진 내 발자국
상봉역에서
만나야 할 것들이 마치 모두 모인 곳처럼 다정하게
낑낑거리며 들고 온 큰 가방도 내팽개치고
여행 중에 샀던 선물이며
다리 아프다고 느리게 걷던 계단도 한 번에 뛰어넘었다
어디에 있는지도 모를 가방을
어느 인심 좋은 사람이 건네주었다는 내 가방이
나에게 전해지는 동안 난 해탈한 보살 모양으로
감사한 절을 몇 번을 날렸는지 모른다
나중에 들어온 기차에서

잃어버렸던 아이를 찾고 엉덩이를 물씬 때리듯이
나 자신을 때렸다

역에 걸린 삶을 읽는다
자신이 내릴 역에서 내리지 못하고
다음 역까지 달려야만 하는
여행의 수다가 화르르 달린다
— 〈나를 찾아서〉 전문

우리들의 삶은 여로 같은 것이기도 하나. 일상적 공간을 떠나 또 다른 만남을 위해 늘 떠나고 싶은 마음을 갖고 살아간다. 그러다가 막상 떠나면 "낑낑거리며 들고 온 큰 가방도 내팽개치"기도 하고, 또 분신 같은 것이나 또 다른 추억 같은 시간을 흘려두고 다니기도 한다. '나를 잊어버리고' 바쁘게 가는 것이다. 인디언들은 바쁘게 달리다가도 잠시 쉰다고 한다. 영혼이 쫓아올 시간을 주기 위해서. 바쁜 우리들은 영혼이 쫓아오는지 쫓아오지 못하는지 생각할 겨를도 없이 다니다 보면, 그만 혼이 나가버린 사람이 되기도 한다. "세상이 달라지는 순간을 경험한 사람"처럼 알면 다행이지만, "잠시 모든 것을 내려놓아야" "그때 비로소 머리가 맑아"지며 '아차!' 하면서 뒤돌아보게 되는 것 같다. 잃어버렸던 영혼을 찾아 '나 자신을 때리고 또 때리기'도 한다, 삶의 짐이 너무 많아 무거운 사람들에게는.

IV. 에필로그

바람은 불지 않고 멈추면 그 존재를 확인할 길이 없다. 바람은 늘 움직이는 기운이자 힘이다. 나무나 풀에 가 닿으면 꽃으로 피어나고 물결에 가 닿으면 그리움은 파도가 되어 밀려온다. 선택의 기로에서는 나를 흔든다. 시간에 실리면 미래를 꿈꾸거나 추억 여행을 떠나기도 한다. 때문에 '보다 깊은 시인'의 상상력은 바람에 흔들림이 '표면에서 즐기는 시인'보다 더 심하다. 평온함이나 평이함을 거부하고 세찬 바람 앞에 자신을 세울 줄 안다. 때로는 '바람새'가 되기도 한다.

김정희의 시에서는 여성 특유의 섬세함이 잔잔하게 물

결치고 있다. 그 물결은 바람의 현재성에 있었다. 김 시인을 두고 '바람의 상상력'에 있어 가장 깨끗함, 세속적인 욕망에 물들지 아니함, 오염되지 않음 등의 수식을 할 수 있을 것 같다.

"거울 속에 익사한 많은 사람들이 있었다"는 이야기처럼 우리 인간들은 욕망의 늪에 빠져 있는 것 같다. 인간 욕망의 끝은 어디일까. 김 시인은 이미지의 결합을 통한 상상력의 닻을 끌어올리고 있다. 이중의 참여, 욕망과 공포의 참여, 선과 악의 참여, 흑과 백의 조화로운 참여를 통해 인간에 의해 더럽혀시는 우리들의 영혼을 정화시키려는 상상력을 펼치고 있었다.

잠자는 우리들에게 바람을 일으켜 깨울 수만 있다면, 순응에 젖어 묶이고 갇혀 있어도 모르고 있는 것보다 훨씬 좋은 일이다. 김 시인은 자신을 질책하는 바람의 상상력으로 그 존재에 대해 성찰의 시구들을 펼쳐놓고 있다.

'세상이 조금씩 흔들려서 내게 돌아오면 나는 가끔 한눈을 판(《의자에 앉아》)다'는 김정희 시인. 김 시인에게 '바람'은 명쾌한 은유였다. 바람에 갇히고 바람에 흔들리고, 그것은 우리들의 현실이며, 살아 있는 현장성이기도 하다.

물고기 비늘을 세다 시낭송 CD 수록 시

-하가 연화 못
-어부의 아내
-달고기 아줌마
-사랑발 내리다
-물에 오르려는 물고기

-군내를 떼어내고
-백두산 천지
-에덴에서 나온 아담
-빈 몸으로
-수분을 남겨놓지 않았다

-호랑거미
-담배 물고 있는 물고기
-꽃치마
-보그르르 보네르
-의자에 앉아

-오월
-있는 것과 없는 것
-돌
-그늘이 잠든 동안
-물고기의 비늘을 세다

시낭송 김정희
배경음악 전송이
Recorded & Mixed by 사운드 스페이스 박경필
Mastered by 사운드 스페이스 박경필
CD 제작 예인 미디어